길 위에서 길을 묻는다

길 위에서 길을 묻는다

초판 1쇄 인쇄 | 2025년 09월 08일
지은이 | 박희도
펴낸이 | 이재욱(필명:이승훈)
펴낸곳 | 해드림출판사
주 소 | 서울 영등포구 경인로82길 3-4(문래동1가 39)
　　　 센터플러스빌딩 1004호(07371)
전 화 | 02-2612-5552
팩 스 | 02-2688-5568
E-mail | jlee5059@hanmail.net

등록번호　제2013-000076
등록일자　2008년 9월 29일

ISBN　979-11-5634-641-8

박희도 시집

길 위에서
길을 묻는다

해드림출판사

시인의 말

제가 걸어온 길을
순간순간 더듬어 보며
스쳐 지나간 추억과 감정과 생각들을
진솔로 표현하고자 했습니다

뒤돌아보니
젊은 시절엔 성격이 급하고 내향적 성격 탓으로
얼마나 많은 사람에게 가슴에 상처를 주었던가!
개과천선改過遷善의 뉘우침만 맴돌고…

어차피 삶이란

나 홀로 보이지 않는 길 위에서 길을 찾아 헤매며

한 걸음씩 음미해 가며 지혜롭게 살아가는 여정

버리고 갈 것만 남아있는 지금

저를 아끼고 사랑해 주신 분께 이 책을 바칩니다

살아온 동안 덕분에 행복합니다

감사합니다

2025년 초가을 박희도

차례

1부 만약에

2부 살아가는 행복

3부 그런 사람

4부 아내에게

5부 여수에 가면

6부 용서

수필

1부

만약에

———

강 의의 흔적 1
_ 친구야

그리움에 사무쳐
함께 즐겨 찾던
섬진강 메기탕 집 그 자리에 앉아
흐르는 강물 위에서 너를 찾는다

50년을 보듬은 보고픈 친구야
돈, 자식, 정치, 종교 이야기 빼고
내가 말하면 너는 잔잔히 들어주고
네가 말할 때는 귀 기울여 들어주며
서로의 웃는 눈빛 마주 보고
늘 푸른 나무처럼 변함없는 너와 나

그 모습 절절한 그리운 친구야

찬바람 부는 이 밤에

함께 자주 찾던 분위기 있는 카페 찾아

흩날리는 꽃잎 위로 어른거린 네 모습

흔들리는 술잔 속에 네가 얼비쳐

내 술 마시고 너의 기억도 마신다

강 위에 흔적 2
_삶의 황금기

저 하늘 구름은

바람 따라 흐르고

사람의 됨됨이는

선하려 노력함에서 오거늘

맹자는 성선설을

순자는 성악설을

고자는 성무선악설 논했지만

나는 맹자의 인간 본연 측은지심을 믿고

피고 지는 계절 따라 순리대로 살았느니

가고 싶은 곳 가고

먹고 싶은 음식 먹고

16

하고 싶은 일 할 수 있는 기쁨

차 한 잔에 마음까지 타서 마시는 여유

이 순간이 나의 황금기려니

만약에

다시

푸른 날로 돌아갈 수 있다면

*온세미로 같은 *씨밀레와 함께

입맛 돋우는 한국인 밥상 찾아

푸른 산천 달리며 푸른 바다 휘젓고

다시

그 시간에 머무를 수만 있다면

나를 무정하게 뿌리치고 말없이 돌아선

노란 옷 즐겨 입던 무정한 그 사람과

이별의 눈물 대신 포옹을 하고 싶다

설령

젊은 날이 다시 오지 않는다 해도

마음속 희열喜悅 느끼며

괴로워하거나 노怒하지 않으련다

어차피 현실은 생물이라고

길섶에 핀 금계국이 눈으로 말하네

* 온세미로 : 늘 변함없는
* 씨밀레 : 영원한 친구

고독

지난 일들을 잊고 싶어

달리는 차창 밖

어둠 속으로 원을 그려 던져본다

채워지지 않는 삶의 갈증이

노을로 타는 연기로 모락거리나

황혼 속에 흐르는 슬픔

고독만 남겨 두고

바람 이는 하늘가로 떠나 버리나

반성의 기회를 더듬으니

젊음의 전율은 끊어지고

시든 진실만이 스멀스멀

향수

울고 싶도록
그리워진다 고향 하늘이

눈이 시리도록
마시고 싶다 가을 타는 향기

나뒹굴고 싶도록
논두렁에 얼굴 비비대며

쇠똥 냄새
흙 내음 모두가 고향의 향내

막 베어낸 논배미에서

자치기하던 벗들 보고프다 보고파

세월의 뒷전에서

잊힌 추억들만 스멀대는 지금

가로등

등산로 가로등이
새벽을 지키며 서 있듯이
아파트 현관 불빛
고층 건물을 지키며

창문 밖 밝은 불빛은
하나의 무늬로 채색되고
추억의 이름을 부르고 싶어도
혀 끝에 새어나는 긴 한숨

그리움을 삼키는 것은
뼛속의 힘일까
나이테의 지혜일까

등산로 가로등처럼

누군가를 지키며

빈 가슴이나 채워볼까

내 마음

현실의 배를 타고
바다에 그물 내리면
어느새 마음은 어부가 된다

파도는 노랫가락 되어 오고
정다운 눈빛
마음속 등불 켜고 만선을 꿈꾼다

때로는 파도를 베고 꿈꾸며
고독의 그물을 놓지 않는
외로움과 싸운다

세상은 아름답다
아름답지 않은 것 하나도 없으니

하심

나를 낮추고
마음을 열어 두면
나비가 꽃을 찾듯이
사람들은 언제나
내 곁에 머물기를 좋아할 테지

다른 사람의 이야기에
귀 기울여주고
열린 마음으로 대하면
사람들은 언제나
내 가까이 있고 싶어 할 테지

자유인이 되려면

모든 사람을

내 몸처럼 보살피며

하심의 자세를 갖출 때

물처럼 바람처럼 살게 될 테지

망각의 밤

녹슨 창틀 밖에도
봄은 온다
닫힌 가슴속에도
오래전 사랑이 흐르고

한 모금 고달픔이
정적으로 잠겨 드는 시간
젖은 가슴 닦아주던
아련한 고운 눈빛

아직 봄은 창밖에 앉아
살아있는 향기로
외로움을 일으켜
지난날을 회상케 한다

마음의 상처

끝날 줄 모르는 여정의 길
생각이 같고
말이 통했고
눈빛 하나로 마음을 읽으며
함께 동문수학했던 내 친구여

녹슨 생의 뒤안길에서
와인 잔에 향기를 느끼면
음악처럼 흐르는 하루에
늘 감사했던 나의 씨밀레여

알량한 자존심 때문에

소소한 네 말에 상처받은 것

용서한다고 말하지 못한 내 옹졸함

마음의 상처 되어 눈시울 붉힌다

가을의 소리

새벽하늘이
입술처럼 열리고
적막은 거두어진다

산허리 쌀 안개는
열두 폭 자락을 끌고
왼발은 어둠을
오른발은 아침을 밟는다

덜 익은 사연들은
바람에 떨어지고
가을이라 외롭다고 맴맴
귀뚜리는 들어 달라 귀뚤귀뚤

물꽃 피다

바람에 꿈틀거리며
하얀 거품 일으키며
소리치다 합친다

청록색 수면 위에
꽃대도
꽃받침도 없이
세월에 애원한 듯
팡팡팡 꽃피운다

피었다가 사라지고
사라졌다 피어나는
저 저 물꽃들은
꽃이런가 구름이런가

비워야만
비로소 보이는 것들
물꽃으로 핀다
물꽃으로 진다

순리 따라 사는 지혜

사람이 사람을 만나
가진 것 있으면 있는 대로
없으면 없는 대로
그리우면 그리운 대로 살다가
미련이 남더라도
때가 되면 보내는 것이 순리가 아니던가

대나무가 속을 비우는 이유는
제 몸을 보호하기 위해서이듯
속을 비웠기에 강풍에 흔들릴지언정
쉬이 부러지지 않는 까닭이려니

비워둔 방에도 먼지 쌓이는데

꽃피고 물 흐르듯 살아가는 것이

인생 순리인지를 이제사 알겠네

2부

살아가는 행복

운명

왼발은 왼발일 뿐
오른발이 될 수 없듯이

길 위에 발자국
오른발은 끝까지 오른쪽을 향하고
왼발은 끝까지 왼쪽을 향해 있을 뿐

남남으로 남아있어야 할
왼발과 오른발의 운명

왼발 자국과 오른발 자국이 하나 되어
아무 갈등이 없을 때
삶은 더 힘차고 희망차 지련만…….

이런 사람

마음에 담아
먼 곳에서 서로를 생각하며
서로의 기억 속에서 살 수 있기를

그는 그대로
나는 나대로
서로의 가치를 인정하며

인생이라는 정원에서
예쁜 꽃을 피울 수 있게
행복한 동행자로 곁은 지켜 줄
그런 사람 하나 담고 살고 싶다

허물의 끌자각

첫 단추 잘못 끼워
흠집 몰라 가다 보면
다시 시작하는 때 종종

처음의 실수가
방향을 바꾸어 버리듯
별것 아니라고 생각한 것이
인생의 행로를 바꾸기도 하더이다

잘못된 허물 벗고 벗다 보면
요령도 터득하고 경험도 쌓아
과오 없는 삶 살아갈테지

강 위에서 강을 묻는다

꽃 같은 시절엔

다시 일어설 뜨거운 열정 있어

생각이 깊어지고 지혜가 쌓이면

삶을 알아 가려니

흰머리 생겨나고

그 길에서 만난 사람 속에서

남의 생각을 인정 못 하는 아집

남이 아니라 나 자신임을 알았지

앞서 지나갔던 수많은 사람들

그 길을 바라보며

지금 가고 있는 길이 옳은지

46

정녕 올바르게 가고 있는지
길 위에서 길을 물어야 할 터

삶이란 떠나는 것이 아니라
다시 돌아오기 위한 것이라고
어느 시인이 알려 주더군

살아가는 행복

누군가 그랬지요

아는 것보다 살아온 경험이

삶을 더 풍요롭게 한다고요

행복해지려면

배려하고 희생하는 마음이 있어야 하고

사랑을 받으려면

내가 먼저 사랑을 베풀어야 한다고요

즐겁고 기쁘게 살려거든

감사한 마음을 알아야 한다고요

만남의 귀중함과 소중함 속에서

때론 눈물도 흘리고

괴로워하는 나날도 있겠지만

나는 너를 만났기에 행복했고

너는 나를 만났기에 행복했노라고

이렇게 말하며 살고픈데……

황혼의 멜레지

남녀 이성의 벽 사라지고
격의 없는 친구로 만나
손잡고 즐겁게 즐기고 가세나

세월은 가는 것도 오는 것도 아니며
시간 속에 우리는 오고 있지 않은가
세월이 덧없는 것이 아니라
사는 것이 덧없지 않은가

세월에 밀려 육신은 고장 나고
벗들은 하나 둘 낙엽 되어 떠나고
무거운 길 걸어 여기까지 왔으니
남은 세월 웃으며 살아가 보세나 응

강의에 흔적 3
_어떻게 살 것인가

나는 불자입니다

이 옷 저 옷 입어 봐도

자비慈悲와 유아독존唯我獨尊 사상이

깊은 공감대를 주었으니

학창 시절에는

실존주의 철학자 사르트르의

존재와 무 이론에 심취하여 보았고

앞에 나서지 않고

뒤에 처지지 않고

모나지 않게 살아가는 나를 원했다

부처님은

세상에서 가장 귀하고 소중한 나

나를 사랑하듯 모든 이웃을 사랑하며

팔만대장경 진리의 길 따라

한세상 걸어가라 말씀하셨습니다

자등명自燈明 법등명法燈明

유언을 남기시고

다 지나가리라

사노라니
먹구름이 햇빛을 가리고
세찬 비바람이 폭풍우를 몰고 와
한 치 앞이 보이지 않는 나날이 있었다만
몸과 마음 낮추고 기다리다 보니
밝은 날 찾아오더라

사노라니
바늘 하나 꽂을 자리 없는 옹졸함과
모든 것 다 주고 싶은 너그러움이
마음 하나 비우지 못한 탓인 걸
푸르른 청산이 알려 주더라

54

지나간다 모두 다

미워했던 사람도 사랑했던 사람도

가진 것도 빈손

빈손도 다시 채워지는 것을

바람도 구름도 세월도 다 지나가리라

시절인연
詩節因緣

남겨 두고 간다는 것은
또다시 온다는 것이리라
떠나는 인연 잡지 말고
찾아온 인연 막지 말라는 것은
달 가듯 구름 가듯 살아가란 말씀

강물은 앞에서 끌고 뒤에서 미니
벗들은 가고 세상은 빈집 같고
집착과 욕심 버리고 살아가란 말씀

56

아직도 미워하는 것은

애정이 남아있다는 것이리라

세상에 영원한 것 없으니

시절인연 따라 살아가란 귀한 말씀

용서받지 못한 나

세상 살면서 때때로
의식적이든
무의식적이든
잘못을 저지를 때가 있어

지나고 나서 생각나
용서를 구한다고
생각해 보지만
선뜻 내키지 않는 마음

잘못의 수치심마저
없어진다면
나 자신마저 미워지고

구제받지 못할

또 하나의 나로 남기 싫어서

3부

그런 사람

세월의 만남

빛깔 고운 이 가을
내일이 있기에 커피를 마실 수 있고
파란 하늘 보고 가슴 벅차기에
눈물도 흘릴 수 있는 여유

사람의 관계란
세 번 만나 관심이 생겨 인연이 되고
여섯 번 만나 마음의 문 열어 필연이 되고
아홉 번 만나 친근감이 생겨 꽃피운다는데

오늘도 익어가는 내 모습에서
떠나간 사람 이별한 사람
머물러 있는 사람

새롭게 만난 사람

그들에게 내 모습 필연이 되기를

봄

햇볕 내려와
얼굴 비칠 때
풀잎은 하늘을 보는가

겨울 감싼
여인의 치마폭엔
처녀가 봄을 나르는가

황소가 입질하는
언덕바지엔
꽃 가슴 더듬는 나비 떼

노래 넘치는 논두렁엔

버들강아지 움튼 미소

윤기가 자르르

65

그런 사람

눈에 담으면 사랑을 느끼고
마음에 담으면 온기 느끼고
대화를 나누면 향기 느껴져
위안이 되는 그런 사람

꽃같이 웃는 얼굴에
물같이 부드러운 말씨
더 주고 덜 받음에 섭섭해 않으며
스치는 먼 회상의 기억 속에서도
반가운 그런 사람

혼자 견디기엔 슬픔이 클 때
부르면 언제나 달려올 수 있고

흉금을 털 수 있는 그런 사람

살아가면서
그 사람 괜찮은 사람이라고
문득 생각나
빙긋이 미소 짓게 하는
당신이 바로 그런 사람

돌고 도는 인생

바퀴는 땅 위에서
얼굴 맞대고 돈다

바위에 깎이고
가시에 찔려도
돌고 돌며 돌아간다

이지러진 뼈 사이로
아픔이 흐르지만
세월이 미는 대로
내일의 꿈을 위해 바퀴는 구른다

자식에게

지리산 장터목 지나
천황봉 오르다 보면
장승처럼 서 있는
수많은 가지목을 만난다

백여 년 자란 큰 소나무
부드러운 눈송이 못 이기고
약한 것에 강한 것이 무너졌구나

사랑하는 자식들
검소함과 겸손함의 지혜를 몸소 행하니
부모 입장 근심 걱정 없구나
바람 하나 있다면
책갈피 속에서 꽃향기 맡으며
지혜롭고 건강하게 살아다오

세월아 쉬엄쉬엄 가려무나

인생은 소풍
아침에 눈 뜨면 해 보고 웃고
저녁에 눈 감으면 달과 별 찾아
쉬엄쉬엄 가는 것 두려워 않고
가다가 멈추는 것 애타지 않는 것

삶에 스승이 책이라 하지만
흘러가는 시간 속에서 정답을 찾는다
세상에 영원한 것 없듯이
아집과 집착 버리는 자유로운 삶
어우렁더우렁 가는 것이 수행의 길인걸

시간을 낭비했던 순간은 방황이었고

시간을 지루하게 한 것은 기다림이며

서운하게 했던 시간은 이별의 시간

아름답게 꽃 피던 찰나는 사랑했던 시간이었

음을

누구를 위하여 종은 울리나

한세상 사노라면
모래알같이 많은 사람
만났다 헤어졌다 또 만난다

마음의 물길 보내지 못하고
흉금의 말 전하지 못하고
먼저 받고 늦게 주는 습성

누구를 위하여 종은 울리나

생의 끝은 알 수 없는 일

내 진실 이해하고 전해주는

시원하고 고운 사람과 함께하고 싶은데

종은 누구를 위하여 울어야 했던가

가는 세월 1

설레고 뜨겁던 추억들
지나간 날들을 기쁨으로 여기면서도
잊어버린 기억을 찾아 헤매는 건 왜일까
가슴 깊이 남아있는 때늦은 후회

지나간 날에
무에서 유를 창조하고자
아등바등 빈틈없이 살았고
노세 노세 젊어서 노세 화란춘성 만화방창은
한가로운 인간이 조잘대는 넋두리로 생각했다

돌이켜 보니
한걸음 쉬어간들
인생이 망가지는 것도 아니었는데

느닷없이 잃어버린 그리움 같은 혜윰

먼저 떠나간 친구의 한마디의 말

노래방 가서 노래라도 부르라던

먼저 떠난 친구의 한마디

가는 세월 2

이때쯤 텅 빈 허전한 마음
무엇을 보내고 무엇을 기다려야 하는지
누구를 사랑했고 누구를 미워했는지
주마등 되어 그리움만 넘치네

한 해가 가면 또 한 해가 온다지만
한 치 앞도 못 보는 우리네 인생
비워야만 비로소 채워지는 이치
살면서 가장 중요한 순간은
바로 이 순간이며
마지막이라는 말은 새로운 시작이라고

치졸한 심사

자존심 긁는 절친의 말 한마디에
옹졸한 마음 솟구쳐
너그러움과 이해는 물 건너가고
참지 못할 아집 용솟음친다

짧은 순간 지난 후
내심 후회가 밀려오고
나의 옹졸함을 인정한 순간

참는 자가 이기는 자임을
너를 통해 스스로 돌아본다

나도 누구에게 그러지 않았던가
부메랑 되어 돌아오는 이 후회

갈매기 꿈

바다 너머 미풍이 불어오고

드높은 돛배 안에

나 홀로 잠 못 이루네

넓게 트인 하늘엔

보름달 드리우고

달빛에 일렁일렁 추억이 흐르는데

청춘의 꿈 사라지고

작은 새 구름 되어

이리저리 떠도니

갈 길 몰라 헤매는 마음

나는 한 마리 갈매기여라

4부

아내에게

만남과 인연이란

서로가 좋은 만남의 인연이라면
소매 끝자락으로 스친다 해도
보고픈 그리움이 있고
하루를 살아도 행복을 느끼는 것

인연으로 이어지는 만남 속에
관심 두고 관찰하면
볼수록 정이 들어
서로가 서로를 빌어주는
꿈길 같은 바램
꽃처럼 구름처럼 오고가며
살아가는 것 아닐는지

친구야

내 안에 네가 있었고
너 없이도 너를 좋아했던 나
네가 남긴 흔적으로 하 그리워
멍든 가슴 한편에 여백이 생겼다

맑은 하늘 매지구름 되어
온 세상에 비 내리고
홀로되었다는 외로운 마음

벙어리 냉가슴 앓듯 살았던 너

고집불통으로 나를 힘들게 했던 너

짝사랑 그리움 고독함 외로움

이 세상 다 안고 먼 길 떠났지

나의 그리운 씨밀레야

만남과 관심의 배려

좋은 사람은

좋은 사람을 만나고

따뜻한 사람은

따뜻한 사람을 만나게 되는 이치

나 스스로 좋은 사람 되어

적어도 만남에 있어서는

진실이고 싶고

관심과 배려 속에 살고 싶습니다

오늘도 나를 스쳐 간 사람들의 숨결이

따뜻하고 진실이길 바랍니다

찬 서리 내리는 오늘도

고구마 향 나는 나날이 되소서

너의 뒷모습

만남은 이별을 낳는다지만
서로를 느끼며
고운 말로
나에게 힘이 되어 주고
위로가 되어 준
따뜻했던 사람이

이별을 말했다
차갑게 변한 얼굴로
차갑게 변한 말투로
차갑게 변한 눈빛으로
뒷모습 보이고 갔다

네 마음이 날 떠날 거란

예감은 했었지만

등 보이며

나를 돌아섰을 때

왜 그리 눈물이 나던지

멀어져 가는 익숙한 네 뒷모습

이제야

내가 너를 사랑했던 것만 같아서

아무리

애를 써 봐도 지울 수 없는 슬픔

강 위에 흔적 4
_아내에게

새소리 물소리 바람 소리 따라
통도사 옥련암 500리 길을
간곡히 기도하는 마음 품고
아내와 길을 나섰다

한평생 남편과 자식 위해 살다가
착하지 않은 병고에 고통받고
불안과 초조 속에 보내온 세월
정 많고 착한 당신
인생사 새옹지마라

뉘엿한 황혼 길에 돌아보니

나는 당신을 위해 무엇을 했던가

후회와 뉘우침이 가슴을 후빕니다

강 위에 흔적 5

_아내에게

젖어있는 당신의 눈동자로
내 가슴은 천 길 만 길 떨어지고 있소
고관절 수술로 짧아진 한쪽 다리
대장 수술로 움켜잡은 아픈 배

맑은 눈매에 소녀 같은 순수함
고운 얼굴에 한결같은 마음씨
길이 아니면 가지 않던 올곧은 당신은
성질 급한 날 언제나 감싸준 스승이었소

당신의 배려로 대학원도 졸업하고
늦깎이 시인으로 시도 쓰고 낭송도 하오
장가 잘 갔다는 주변의 부러움 속에
오십 년을 함께 살아온 가시버시

94

남은 세월 당신 곁에서

극진한 손과 발로 살아가겠소

정녕코 당신을 진심으로 사랑합니다

누나의 추억

머리가 땅에 닿을 듯

허리 구부러진 내 누님

집 팔고 형제 친구 이별하고

아들 따라 미국으로 갔다

가까이 있다는 사실 하나로

부모처럼 미더웠던 내 누님

나 어릴 적, 손잡고 뒷동산 오르고

결혼 후 찾아가면

따뜻한 밥 지어내던 내 누님

환갑 넘은 나이에

밥 잘 먹고 차 조심하고

식구들 잘 보살피라고

입버릇처럼 말하던 누님이 없다

누님은 멀리 있지만

내 가슴속 누님은 영원히 가깝다

어머니

눈감아도 눈떠도 그려지는
아련한 추억 속 얼굴
장작에 불 지펴
부지깽이로 뒤척이시며
고구마 구워 김치랑 먹여 주시던 손길

아랫목에 이불 깔아
그 속엔 식구들 밥그릇 묻어 놓고
방 한쪽은 가족 먹거리 고구마 뒤주
꿈에도 잊지 못할 어머니 사랑

별 보고 나가셨다가
별 따라 귀가하신 어머니

우리에게 부지런함을 물려주신

따뜻한 구들장 아랫목 같은 내 어머니

칼바람 이는

오늘따라 너무도 보고 싶다

아버지 기억

지금은 들을 수 없는
문풍지 우는소리

바람 센 밤이면
어릴 적 아버지가 읊은
설익은 타령들이

빛바랜 세월 저편에서
서까래 같은 붓끝으로
기억을 색칠한다

고장 난 시계처럼
멈춰버린 시간 앞에
가는 세월 한탄하던 아버지 모습

지금의 내 모습이 아닐는지

주마등 같은 기억들로

이 밤을 지새우는

아버지 나이에 선 또 다른 아버지

속삭임

낙엽이 쌓이는 길마다
낭만이 가득하고
갸웃이 얼굴 내민
단풍잎 한 장이
오랜만에 만난 첫사랑처럼
낯설고 겸연쩍기만 합니다

지금까진 잘 살았다는 느낌에
흐르는 구름 보다 눈 감으면
투욱 떨어지는 감나무 잎 하나

세월은 속살거립니다
청빈한 나뭇잎처럼

102

지칠 줄 모르는 바람처럼

늙지 않는 산처럼 그렇게 살다 가라고

흔적

영원한 소유는 없지
그 어느 것 하나도

빛바랜 원고지에
찍은 점들만
흔적으로 남아있을 뿐

떠날 때 가져갈
아무것도 없지

어스름 나이에 드니
어디에도 없네 내 길동무

한 해를 보내며

사람과 사람 사이에
정이 흐르는 계절
어둠이 오는 길 한 모퉁이에
초라히 서 있는 내 모습

느닷없이 찾아오는 친구가 반갑고
한 통의 전화가 기다려지고
말없이 헤어진 그 사람이 그립다

사람이 익어가는 것은 똑같거늘
허전한 마음
바람처럼 빈 들녘에 혼자 서 있는 느낌
잘못 살아온 탓인가
더 낮아지란 명령인가

5부

여수에 가면

_____

하늘과 바다

떠 있는 섬들 그 사이로

크고 작은 배들

바삐들 오고 간다

바람과 파도는

서로 등을 기대고

무상을 노래하는 바다

하늘과 바다 어느 것도

시간을 멈추게 할 수는 없지

하늘의 명을 어길 수 없으니

파도는

흰 피 흘리며

삶을 버티어 가누나

분명 생존의 투쟁이려니

비수 금오산

가슴이 답답할 때면
금오산 정상에 올라
에메랄드빛 바다를 보면
맺힌 마음 시원하게 뚫어지겠지

집착이 일어날 때면
아침노을 짙은 향일암 찾아
질끈 눈 감고 백팔배 하고 나면
응어리진 가슴
땀방울 속에 깔끔히 씻어지겠지

그렇게 되겠지 그렇게 되고말고

섬진강

산허리 구름
강물에 띄운 세월
전라도 경상도 함께 모아
세상인심 품 안에 안고

속세에 절은 욕심
강물에 씻어내고
가신님 기다리는
강 건너 물새야

고기 떼 평화로운
미소 띤 강물
전라도 경상도
다 품어 흐르는 강아

청산도 아리랑

완도에서 뱃길 따라 오십 분
춤추는 파도의 푸른 물결과
청보리 유채꽃 웃음 짓는
푸르른 들판과 산천 하며

구름 한 점 없는
높고 푸른 하늘을 일으켜
청산도라 했거늘

천천히
오순도순
구름 가는 사연도 시냇물 얘기도 새겨듣고
귀 기울이는 슬로 시티로 초대하거늘

청산에 아리아리 아리랑

서편제 가락이

바람 소리 파도 소리와 어울려

온 들판에 울려 퍼지누나

거문도

남쪽 다도해 너울 따라
백도와 손잡은 등대섬
기암괴석 품은 각시바위 백도에
소소리바람 불어 파도를 만드네

황금빛 윤슬 받아
백 개 봉우리 흰빛을 띠고
바람에 흩날리는 억새가
가슴에 품은 한 토하고 가라 하네

먼 산을 보다

보일 듯 보이지 않고

잡힐 듯 잡히지 않는

지난날의 꿈들이여

생은 머무는 것이 아니라

시나브로 흐른다지

꿈꾸는 사람이여

돈과 힘으로 살 수 없는

덕과 겸손 배워

은가람 따라 눈높이 맞추며

지혜로운 혜윰 배워보면 족하리

여수에 가면

여수에 가면

산이 연 사흘간 스스로

종소리와 북소리로 국란을 알렸대서

1592년 충무공 이순신 장군이 이름 지은

진산 종고산이 있고

1497년 연산군 3년

수군절도사 이량 장군이 쌓아 올린

해저석성 장군도가 그림을 그리고 있다

도시의 중심에 자리 잡아

푸른 한려수도를 내려다보며

어린 학창 시절 땐 높고 푸른 하늘 보며

떠도는 뭉게구름에 꿈을 키운 종고산

언젠가 또다시

장군도의 힘찬 타봉이

종고산의 종을 울리는 날

남북통일의 해가 밝아 온다는

온 시민의 설화 속, 바람이 깃든 곳

물레방아 인생

흘러가는 구름 보며
봄이 오는 하늘을 본다
앞서가는 구름이
따라오는 구름 보고
어서 오라 손짓하며 길을 낸다

멈추어 뒤돌아보면
저 멀리 산 그리메가
사부작 삽짝 길 내며 사라진다
헐떡이며 살아온 인생
어슬렁대며 살아온 행로

바람과 공기는 가뭇없이 사라지고

밤안개만 사방에 흩어진다

가도 가도 끝이 없는 물레방아 추억들

하얀 목련화

혹독한 추위가 있어 목련이 핀다고

애타게 임 기다리며

달빛에 살찌운 꽃망울

명지바람 살랑살랑 불어와

설렘으로 하품하다

*다소다를 만났을까

포근한 봄 햇살에 옷 벗고

뽀얀 속살 드러내

떠날 때를 아는 겸허함으로

새초롬 실웃음 짓는 북향화

* 다소다 : 1. 세상을 희게 하는 사람 2. 애틋하게 사랑하다

120

동백꽃

남녘땅 동백섬

동백 열차에 몸 싣고

동백꽃 군락지 여수 오동도를 찾았다

붉은 꽃봉오리마다

노란 꽃밥 머금은 너를 보면

즐겁고 따뜻해지는 내 마음

떠날 때는 채 시들기도 전

미련 없이 뚝 떨어지는 너에게서

때가 되면 아름답게 이별하는 방법을 배운다

젖은 동백꽃이 바다를 안고

온몸을 흔들대며 떨어지는 꽃잎들

잘 익은 동백 열매를 보며

나도 한 송이 꽃을 피우고 싶다

섬

너울진 바다에 상념을 담그고
돌이키고 고뇌해 보지만
언제나 제자리 그곳

외로움 그리움이 함께하지만
어떤 이가 그랬다지
살고 싶으면 섬으로 오라고
꼬리별 찾고 싶어도 섬으로 오라고

지나간 아픔 모두 모아

검푸른 파도 속에 담그고

하고픈 말 있다면

흩뿌리고 가라 한다

리온하제 재충전을 위하여

6부

용서

호수에 비친 풍경

낮에는

울긋불긋 물비늘에 젖어

단풍든 산을 삼키더니

해질녘에는

서산에 지는 해를 먹어

황금 윤슬을 만드누나

어두운 밤이 되니

소소리바람 불어와

*그린비와 그미끼리 사랑을 하나 보다

호수 속에 달이 숨어

*다소니와 다소다 하다 보니

달님도 수줍어 웃는구나

* 그린비, 그미 : 그리운 남자, 여자
* 다소니, 다소다 : 사랑하는 사람, 애틋한 사랑

불타는 세상

백양사 일주문 따라
긴 터널 만든 애기단풍들
석양에 불타오른 불꽃처럼
여인의 입술에 불타고 있네

광화문 광장 불타는 촛불이
근혜 순실 명박 도둑들
하야하야 하옥하옥 하라며
불타는 단풍처럼 울부짖네

용광로에 불타던 시절엔
물 불 가리지도 않았지만
지금은 평온의 시간
불꽃은 지고 가슴만 타고 있네

용서

지난 세월 더듬어 보니
살아오는 동안 내가 화살이 되어
나를 겨누고 사라질 때
과녁 속에서 나는 선혈이 든다

다른 길에서
누가 나를 힘껏 당겨
어떤 시간 속으로 날릴지라도

서로가 서로를 겨누며 살아가는 것
이쯤에서 내려놓고
서로를 용서하며
구름처럼 모였다 흩어지듯 살고파

문경 기행

갔노라
아미타불 메타세쿼이아 길 따라
붉은 단풍 스며드는
가슴 벅찬 강천산 강천사 찾아

보았노라
불타는 단풍 속에 오가는 사람들
못다 한 이야기 다정한 속삭임
추억을 남기고자 사진기는 분주하고

왔노라
별 닮은 단풍잎에 그리움 남겨놓고
설렌 마음 흔들어 놓은 채

어디로 갈 것인가

불탄 여운 아직도 가슴에 남아있는데

소중한 당신

모래알처럼 많은 사람 중에
우연이 아니라
필연의 만남으로
내 곁을 지켜준 당신

긴 세월 살아오면서
밥상을 가장 많이 차려준 당신
나 때문에 가슴이 멍이 든 당신
착한 마음씨로 믿음을 주고
무언으로 내조한 당신이

병원 수술대에 누워있는 모습 보며

아무것도 할 수 없는 나

그저 바라만 볼 수밖에 없는 나

한없는 뉘우침과 후회 속에

참회의 눈물로 가슴이 멍들었소

이제 나 당신의 손과 발 되어

받은 만큼 못다 한 빚 갚으며

소중한 당신 위해 살리오

사랑합니다

계절의 그림자

설익은 붓끝으로
세상을 그려 본다
하늘은 높아 손이 닿지 않고
바다는 깊어 발이 닿지 않네

사람의 마음은 더욱더 깊어
한평생 뒤집어 보아도
알 수가 없네

다시는 피고 질 것도 없는
계절 앞에 무릎을 꿇고
뉘우침의 꼬리 길기만 하네

피고 지고, 피고 지고

내려다보는 태양은
봄을 기다리는 이파리에
꽃잎 하나 더 얹어 주려고
안간힘을 씁니다

하동 쌍계사 벚꽃 십 리 길
바람 소리 쓸고 간 자리
온 산천이 들썩일 때마다
하얀 꽃비가 내립니다

138

눈 시리도록 꽃비 내리는 날
흩날리는 꽃잎의 마지막 몸짓

피고 지고, 피고 지고

아련한 추억이 가슴에 스며와
잠자던 사랑이 눈을 뜹니다
희미한 옛 그림자 가슴을 칩니다

묵언

조용히 말할까 하다

욱하는 내 성질 때문에 입술만 들썩

나 홀로 가고 싶다고 말할까 하다

야속하단 말 듣고 싶지 않아 눈치만 살짝

코 고는 소리 싫다고 말할까 하다

힘든 세상 살아가는 소리 자장가 소리

사랑한다 말할까 하다

속 보이는 소리만 할까 두려워

미안하다 말할까 하다

헛소리한다고 빈축 살 것 같고

살아줘서 고맙다 말할까 하다

다시 태어나도 함께 살자 말할까 두려워

생은 멀리서 보면 희극이요

가까이서 보면 비극이라 누가 말했지

못다 핀 꽃

산천초목 아우성치고
바다는 피눈물로 채워진
1948년 10월 19일
좌익과 반란군은 누구였고
우익과 진압군은 누구였던가

가리키는 손가락으로
눈앞에서 무고한 부모 형제를
주검으로 보내야 했던 비극이여

고래 싸움에 새우 등 터지듯
위정자들의 정권 강화 다툼에
이슬로 사라진 여수의 지식인
칠 일간 유혈참극을 여순사건이라 부르네

시월의 하늘은 잿빛으로 물들고

머리 풀고 흐느끼는 구름은

못다 핀 한 많은 영혼인 듯 빗물로 흐르네

이승의 한 다 여의시고 삼가 고이 잠드소서

때때로 그리했듯이

누구나 과거로 돌아가

새롭게 시작할 수 없듯

늦었다고 생각할 때가

가장 빠르다는 거야

원하는 것 얻기 위해

힘들고 고통이 따르지만

유일한 기쁨은

나도 시작할 수 있다는 거야

잠 깨어 일어나 보니

저 멀리 산그리메가

스쳐 가는 시심을 붙잡고

설익은 시를 익혀보라는 거야

때때로 그러했듯이

자화상

시·낭송 박희도

해방의 함성이 태극기로 넘칠 때
나는 이 땅에 빈손으로 왔다
피로 물든 비극의 시대
10·19 여순사건과 6·25 전쟁을 겪으며
잔뼈를 키워 나갔다
5·16 군사 쿠데타로
지역감정의 골은 깊어만 지고
죽음이 아니면 자유를 달라는 혼란

이 길인가 저 길인가 망설임 갈등 속에
탐탐 유수의 도피처로 군 복무를 지원했다
복학으로 물리치료사 면허를 취득하여
의료사업을 시작한 지 어언간 40년

이제와 아스라이 뒤돌아보니

청춘은 짧고 아름답던 꽃이지만

다시 젊은 날로 돌아가진 않으련다

산수傘壽를 떠나보낸 지금

비우고 갈 것만 남아있는 지금

모든 것 운명에 기대며

강물같이 순리따라 흘러가니

참 편안하다

만경

꿈속에 산천은 그대로인데
어이타 친구들 소식이 없네

바람 같은 세월 속의 벗인들 있으리오

아뿔싸! 세상 모든 것
인연 따라가고 오는 것을

오호라 이 찰나 회한 없이 살다가 가세

수필

___

- 삶의 태도
- 화, 어떻게 풀까

삶의 태도

　세상을 살면서 부족하지도 않고 결함도 없는 사람 있을까?

　자신의 허물이나 과오를 쉽게 인정하는 사람이 있는가 하면, 그렇지 못한 사람들도 많습니다.

　"잘못했습니다." "미안합니다." "죄송합니다." 이런 말을 쉽게 하는 사람도 있고 매우 힘들어하는 사람도 있습니다.

　타인과의 관계보다 자신의 존재감이나 자존심이 구겨지는 것을 두려워하는 사람들은 타인의 정상적이고 고마운 충고까지도 받아들이지 않는 경향이 있습니다.

끝까지 부정하거나 변명을 하는 이들은 자신의 행동을 깊이 성찰하는 능력과 태도가 부족합니다. 이 역시 정신적으로 건강한 것은 아닙니다. 대체로 아성과 아집이 센 사람이 그러합니다. 자신에 대한 배려는 잘하지만, 타인에 대한 배려는 부족한 사람입니다. 정신적으로 건강한 사람은 자신도 배려하고 타인도 배려하는 사람들이며 무작정 타인의 말을 따르지도 않고 완고하게 자신에게 집착하지 않습니다.

잘못이 있을 때 잘못했다고 말하고 잘못이 없을 때는 상대방이 누구이든지 간에 잘못이 없다고 말하는 사람이 정신적으로 건강하고 주체적이고 자유로운 삶을 살아가는 사람들입니다.

　간단한 것 같아도 그렇게 산다는 것이 쉬운 일은 아닙니다. 스스로 잘못을 말하기는 큰 용기가 필요하기 때문입니다. 왜냐하면, 오랜 세월 쌓아온 습성이 있어서 그것을 금방 씻어내기란 여간 어려운 것이 아니기 때문입니다.

타인이 자신의 행동을 나무라거나 잘못된 것이라고 지적할 때는 어떻게 대응하는 것이 올바른가? 한 사람이 아니고 여러 사람이 떼를 지어 나무란다면 그들의 지적이 내 생각과는 관계없이 옳다고 하는 것이 편할 수도 있을 것입니다. 그러나 그렇게 사는 것이 처세술로는 좋을지 몰라도 자신에 대한 배려는 부족한 것입니다.

맹자의 가르침에 이런 말이 있습니다.

타인이 자신을 욕하거나 비난하면 먼저 자신을 돌아보라고 했습니다. 그런데 아무리 생각해 보아도 자신의 잘못을 찾을 수 없다면 욕하는 사람에게 다시 한번 물어보아야 합니다. 구체적으로 무엇을 잘못했는지, 다시 들어도 자신의 잘못이 아니라고 생각이 들면 그것은 그 사람의 생각을 붙잡고 그것을 해결하려고 내가 안달할 필요는 없는 것입니다.

'그냥 두면 됩니다.' 참 좋은 가르침입니다.
　허물과 과오가 없는 사람은 없습니다. 부족
하지만 타인과의 관계 속에서 서로 사랑하고
미워하면서 다들 살아갑니다. 누군가 자신의
허물을 지적하면 고쳐야 합니다. 그래야 발전
과 성장이 있다고 말하는 친구의 말이 가슴에
와닿는 무엇을 느꼈습니다.
　감사합니다.

화, 어떻게 풀까

누구나 화를 냅니다. 어찌 보면 화낼 일이 많은 것이 삶이긴 하지요.

운전 도중 뒤차가 빨리 가라고 경적을 울려도 화나고 남편이 술 마시고 늦은 귀가에도 화가 나지만, 집에만 틀어박혀 있어도 화가 납니다. 그뿐인가요? 친구에게 좋은 소식이 들려도 화가 나고 그 반대로 친구가 억울한 일에 처해도 화가 납니다.

'단 1초도 화를 내지 않고 지나는 날이 있을까?' 의문이 들 정도로 화는 나와 아주 가까이 늘 함께합니다.

그런데 화가 무엇인지, 왜 일어나는지, 나는 왜 화를 내는지 깊이 생각하지 않았던 것 같습니다.

괜히 화를 냈다가 후회도 하지만 막 퍼붓고 나도 시원하지 않고 참으면 화가 더 커집니다. 그리고 보면 화라는 것은 표출해도 문제이고, 속에 꾹꾹 눌러도 문제입니다. 가급적 화가 날 일을 만들지 않는 길이 최상이겠지요.

가톨릭에서는 7대 죄악 중 하나가 화라고 합니다. 탐욕, 오만, 시기, 분노, 나태, 식탐, 색욕 이 7가지 죄악이랍니다. 불교에서는 화가 탐욕에서 비롯된다고 합니다.

욕망이 채워지지 않을 때 분노가 일어납니다. 분노가 일어나면 욕심, 분노, 어리석음 이 세 가지는 인간을 불태우는 삼독심三毒心이라고 했습니다. 탐욕, 성냄, 어리석음은 인간의 성품을 파괴하고 파멸로 이끄는 원인이라 했습니다.

당나라 최고의 시인이면서 문필가이자 정치가로 알려진 백낙천이 어느 날 조과선사에게 '착하게 살아라.'라는 말을 듣고 '나쁜 짓 하지 않고 착하게 살라는 말은 초등생도 다 아는 말 아닙니까.' 하자 이에 조과선사는 '알기야 삼척동자도 알지만 팔십 노인도 행하고 실천하기가 어렵지.'라고 말했다고 합니다.

이에 백낙천은 화내지 않고 착하게 사는 것이 나와 타인을 위한 수행임에 귀가 번쩍 뜨이고 무릎을 쳤다지요. 그래서 나 또한 내가 살아가기 위해서라도 본능을 누르거나 자제해야 한다고 생각합니다.

사람이 가장 화날 때가 오욕(식욕, 색욕, 재욕, 명예욕, 수면욕)이 즐거워질 때까지 누리지 못할 때입니다. 왜냐하면, 화가 나는 원인이 인간의 본능적 욕구와 관련돼 있기 때문입니다. 욕심(욕망) 자체가 나쁜 것은 아닙니다.

인간은 당연히 뭔가 갖고 싶고 누리고 싶고 달성하고 싶어 합니다. 욕망이 사람에게 용기와 희망을 주고 움직이게 합니다.

문제가 되는 것은 탐욕입니다. 욕망과 탐욕의 경계는 집착입니다. 내 손에 들어오면 절대 놓으려고 하지 않는 것이 집착입니다. 생긴 것은 반드시 사라진다는 자연의 법칙을 부정하

다 보니 무리와 억지가 따르고 번뇌가 일어납니다. 집착하지 않는다면 욕망도 문제되지 않고 화도 생기지 않으며 설령 화가 난다고 해도 금세 사라집니다.

욕망은 본능이지만 화는 사회적 현상입니다. 나는 누구로 인해 화가 나지만 내가 또 다른 사람에게 화를 돋우는 존재일 수 있음을 유념하고 상대방을 배려하고 조금 양보한다면 화에서 탈피할 수 있을 것입니다.

사람과 더불어 사는 이상 화낼 일이 생길 수밖에 없습니다. 그때 그 화나는 감정을 붙들거나 확장시키지 말고 자기 나름대로 방법을 찾아 숨을 깊이 쉬거나, 입을 다물거나, 평소 준비해 둔 말을 속으로 외우거나, '화날 일이 아니다.'라고 마음을 다독이면서 화가 일어나는 감정에서 재빨리 빠져나가는 것이 좋습니다.

'무서워서 피하는 것이 아니라 더러워서 피한다.'라고 생각하면서 말을 섞지 않고 자리를 피하는 것도 한 방법이라고 생각합니다. 인내도 한계가 있기 때문에 참고로 필자는 이 방법을 사용합니다.

나중에 생각해 보면 상대방 잘못도 있겠지만, 내 잘못도 있음을 알게 됩니다. 한 번에 실천하기는 어렵지만, 자신이 자꾸 생각하고 노력하고 참회하고 계속 노력해야 합니다.

왜냐하면, 화는 나를 불태우기 때문입니다.

감사합니다.

복재희
(문학평론가, 시인, 수필가)

───────────────────

일문 박희도 시집 『길 위에서 길을 묻는다』론

순수純粹한 시심詩心으로 빚은
고아高雅한 자화상自畵像

1. 프롤로그

_시詩로 사는 길

　인간은 길을 만들면서 살고, 그 길에서 문화의 다양성을 만들어가면서 축적한다.

　다시 말해서 시 또한, 시인이 사념思念의 길을 만드는 의식 행위에 접속될 뿐만 아니라 정신의 풍경화를 그리는 일로 정리된다. 그러나 감동이라는 정서 에너지를 만들기 위해 전 삶에 신명身命을 바치면서 땀을 흘린다.

　그러나 시를 제작하는 일은 보이지 않는은 마음이 텃밭을 일구는 일이기에 독특한 시인만의 방식이 도입되어야 한다. 즉, 관심의 분야 혹은 환경적

영향을 받은 일들이 모여서 시인만의 캐릭터를 형성한다는 뜻이다.

물론 이런 현상은 심리적인 흐름이 어떤 요인들과 밀착되어 있는가를 분석하는 일이 되기도 하지만 결국, 시에는 시인만의 색채가 만들어진다. 이는 의식의 길을 만드는 것과 같을 것이다. 독자는 이 길을 따라 감동할 때 비로소 시는 가치의 개념으로 남을 뿐만 아니라 미적인 개념으로 승화하는 이치이다.

감동은 인간에게 가장 큰 길이 될 뿐만 아니라 이 길은 사물과 시인이 하나의 통일체를 이루는 역할을 수행하는 이치이기도 하다.

시인이 시에 열성을 투척하는 것은 바로 감동의 길을 만들기 위함일 뿐 대가代價를 바라지 않는다.

이를 무상의 행위로 정리될 때 지고至高 성을 획득하게 된다. 시의 길은 여기서 위대한 정신 가치의 산물이 되는 것이다.

모든 시인은 정신에 만족을 주는 감동을 방문하는 기회를 갈망한다. 일운 박희도 작가도 이런 길 찾기에 혼신의 힘을 다한 모습이 『길 위에서 길을 묻는다』 시집에 고스란히 표현되어 있다.

화자의 시는 대체로 직접적인 언어의 나열 -리얼리티에 있다. 다시 말해서 비유의 숲이기보다는 보이는 것을 그대로 보여주는 소재를 선택하는 것 같다.

아울러 도시적인 제재가 아니라 심리적이고 향토적이면서 그 표현미는 과거지향이란 점에서 회고적인 특성을 갖는다. 이는 생동적인 것보다는 자기 성찰과 과거의 심상들이 파노라마로 이어질 때 나이브하고 때로 유약한 것 같은 인상을 생성할 수도 있다. 이는 회자의 생물학적 나이가 어스름에 이르렀다는 자화상을 엿볼 수 있음이 인식되는 점이기도 하다.

이제 화자의 순수한 시심이 빚은 시적 매력을 대

면할 계제階梯로 다가선다.

2. 일운 박희도 작가의 시적 정서

시인의 정신적 귀결은 언제나 지향 공간을 나름대로 설정하고 이를 추구하는 특색이 시인의 트레이드마크가 될 수 있다. 가령 그리움이라거나 혹은 후회라거나 혹은 종교적 색채인 불교 등 시인의 관심이 일정한 수로水路를 형성하여 여기에 집중하면, 바로 시의 특색을 이루게 된다.

일운 박희도 작가의 작품 한 수 한 수엔 남성임에도 아주 섬세한 시어들로 이루어져 전체적인 분위기가 잔잔한 호수에 이는 물비늘을 만나는 고요함은 상당한 매력으로 전달되는 특색을 지녔다. 이는 화자의 성품이 시를 쓰기 위한 태생적 DNA로 장착되었다고 느껴지는 면면이다.

화자의 동심이 물씬한 「향수」를 만나보자.

울고 싶도록

그리워진다 고향 하늘이

눈이 시리도록

마시고 싶다 가을 타는 향기

나뒹굴고 싶도록

논두렁에 얼굴 비비대며

쇠똥 냄새

흙 내음 모두가 고향의 향내

막 베어낸 논배미에서

자치기하던 벗들 보고프다 보고파

세월의 뒷전에서

잊힌 추억들만 스멀대는 지금

위 작품은 2연 12행으로 마침한 서정시이다.

시의 첫 줄은 신이 준다고 했던가.

1연 첫 줄에서는 **'울고 싶도록'** 고향 하늘을 그리워한다고 표현한 시인은,

2연 첫 줄에서는 **'눈이 시리도록'** 가을 타는 향기를 마시고 싶다더니,

3연 첫 줄에서는 **'나뒹굴고 싶도록'** 논두렁에 얼굴을 비비대고 싶다고 절규한다. 시법詩法의 으뜸인 리듬감을 염두에 두고 적절하게 구사한 점에서 그동안의 시적 훈습이 상당한 길에 들어섰음이 보이는 작품이 아닐 수 없다.

4연에서 쇠똥 냄새, 흙 내음이 고향의 향기라고 표현한 화자는,

5연에서 **'막 베어낸 논배미에서 / 자치기하던 벗들 보고프다 보고파'**라는 동심을 헤집는 시심을 보인다. '보고프다 보고파'를 반복 표현함으로 여기서도 시적 운율이 시를 타고 흐르면서 시인의 그리움이 확장되는 시력詩力을 만나게 한다.

5연까지가 고향을 그린 수채화라면 마지막 6연에서 화자는 매듭을 짓는 초연함에 이른다. **'세월의 뒷전에서 / 잊힌 추억들만 스멀대는 지금'** '어느 10월의 마지막 날 해질녘'에 화자는 아련한 고향의 논배미에서 명시名詩를 건졌다.

3. 길 위에서 길을 묻는다

시詩에서 시제詩題는 30%라는 중요한 득점을 요하는 자리다. 『길 위에서 길을 묻는다』로 상제 하는 시집의 시제인 만큼 일운 작가의 심오한 결정

이었음을 감지하게 한다.

길은 보이는 형상의 길과 보이지 않는 형이상학적인 길이 있다. 삶엔 이 두 길을 필연적으로 선택하여야 하는데 길은 존재자의 것이기 때문이다.

'철학은 무엇이 존재하느냐?'라는 문제로부터 시작한다. 많은 존재자, 세계 안에 사는 사물과 무생물 혹은 형태 등 무한히 많은 것이 있어, 이 모든 것들은 왔다가는 다시 가버리는 속성을 갖는다. 본디 존재라는 것은 어떤 것인가? 모든 것은 통합하고 모든 것이 기초가 되며 존재라는 것은 어떤 것인가? 모든 것을 통합하고 모든 것이 기초가 되며 존재하는 일체가 그로부터 나오는 존재는 어떤 것일까? Jaspers는 사유思惟하는 인간은 현존재의 근본 상태를 주관主觀, 객관客觀의 분열이라 하여 존재자는 다시 사유思惟하게 되어 타자他者가 되고, 또다시 사유思惟하므로 자아自我가 다시금 현존재가 된다. 주관과 객관의 비밀은 전체로 객관일 수도 없고 주관일 수도 없는 포괄자包括者라는 말로 설명하고 있다. 주관과 객관이 포괄된 사이를 오가는 인간의 의식 -거기 보이지 않는 길道이 있다. 이런 길은 형이상학적인 길이다.

시는 인간 삶에서 이 두 길을 벗어날 수 없을 때 상당한 시샘원이 된다고 하겠다.

길은 인간의 생명과 상통하고, 오는 즐거움과 가는 슬픔을 상징하기도 한다. 길은 살아있는 자가 만들 듯, 바람은 하늘길을 만들고 사람은 자연 어느 곳이든 필요한 만큼의 길을 만들고 시인은 가지 않은 가시밭을 헤쳐서 자기만의 시적 고난의 길을 내기도 한다. 일운 작가는 그러한 길 위에서 제대로 잘 살아가고 있는지 자신에게 묻는다. 작품에서 그 길을 만나 보자.

꽃 같은 시절엔

다시 일어설 뜨거운 열정 있어

생각이 깊어지고 지혜가 쌓이면

삶을 알아 가려니 했었지

흰머리 생겨나고

그 길에서 만난 사람 속에서

남의 생각을 인정 못 하는 아집

남이 아니라 나 자신임을 알았지

앞서 지나갔던 수많은 사람들

그 길을 바라보며

지금 가고 있는 길이 옳은지

정녕 올바르게 가고 있는지

길 위에서 길을 물어야 할 터

삶이란 떠나는 것이 아니라

다시 돌아 오기 위한 것이라고

어느 시인이 알려 주더군

_「길 위에서 길을 묻는다」 전문

1연에서 일운 작가가 서 있는 길 위에는 '**꽃 같은 시절엔 / 다시 일어서 뜨거운 열정 있어**'라고 표현한다. 한마디로 푸른 청춘의 시절임을 암시한다. 뜨거운 정열로 무엇이든 다 이루리라는 기백이면 삶도 저절로 도통하리라 생각했다는 대목이리라. '**생각이 깊어지고 지혜가 쌓이면 / 삶을 알아 가려니 했었지**'라는 확신이 의도대로 되지 않아 빗나갔음을 암시한다.

2연에서 일운 작가가 서 있는 길 위에는 세월이 얼마쯤 흘러서 은발이 된 자화상이 독백을 한다. '**흰머리 생겨나고 / 그 길에서 만난 사람 속에서 / 남의 생각을 인정 못 하는 아침 / 남이 아니라 나 자신임을 알았지**'라는 표현은 자기반성이라기보다는 고요한 법당에서 경전을 만나는 숙연함을 독자들에게 전달한다. 이것이 시가 시인들에게 내려치는 죽비가 되는 셈이다. 가공적인 소설도 할 수 없고 여느 산문도 범접할 수 없는 -시인은 신을 경외하는 경건함을 요구받는 그런 위치에 놓인 자들이란 이유이다.

3연을 보자. '**앞서 지나갔던 수많은 사람들 / 그 길을 바라보며 / 지금 가고 있는 길이 옳은지 / 정녕 올바르게 가고 있는지 / 길 위에서 길을 물어야 할 터**' 필자는 이 대목에서 멍하니 창밖을 바라보며 나 자신을 점검하는 시간이 필요했다. 나라도 개인도 정녕 올바르게 가고 있는지 각자의 길에서 길을 물으라는 일운 작가의 성찰이 눈물겹도록 가슴에 파고드는 이유이다. '이러한 삼상함을 전하기 위해 작가는 또 얼마만큼의 고뇌의 시간을 아파했을까?'에 이르니 숙연함이 전해 온다. 이것이 지난한 훈습薰習이 선물한 시의 위력偉力이다.

4. 당신이 바로 그런 사람입니다

한 편의 시를 대하면 시인의 모두를 만나는 점에서 시는 인간의 거울인 셈이다. 그것도 인간의 내면을 속속들이 파악할 수 있을 뿐만 아니라 과거와 현재 그리고 미래를 예감할 수 있는 심리적인 요소가 총체적으로 표현되어 있다. 산문은 낯설게 하기라는 포장이 있어 묘사나 혹은 설명으로 딴전을 피우지만, 시의 경우엔 인간의 전면을 노출해야 비로소 감동을 만날 수 있다는 -시는 어느 때나 인간 모두를 포괄하는 방법을 사용한다. 여기서 시는 인간의 사고와 감정의 모두를 풀어쓰는 것이 아니라 옹축하는 상징과 비유의 언어 기교를 추가해야 한다는, 사실은 시 쓰기의 어려움을 가중하는 것이다.

시는 천재의 예술이라 말하지만 많은 경험을 농도 있게 숙성시켜야 하는 점에서 익히고 익혀야 제맛을 내는 토속적인 맛을 외면할 수 없는 경우가 허다하다.

　시는 이런 종합적인 상관을 유기적으로 결합하는 일이 주로 언어라는 재료를 통해서 시인의 의도를 표출해야 한다는 점이다. 도자기를 빚기 위해서는 고열의 불속을 견뎌내야 비로소 순백한 생명으로 변하는 이치처럼 시인의 길을 단순한 노래꾼이 아닌 이유가 여기에 있음이다.

　일운 작가가 시를 탄생시키는 조건은 여러 방편이 있겠으나 단순하게 읽고 버려지는 소비품목이 아니라 독자의 가슴을 울리는 감동이 어떻게 나타날 것인가에 상당한 비중을 둔 점이 각 시들 속에 명징하게 나타난다.

　다음 작품 「그런 사람」에서 시인의 감동을 선사하기 위한 고심을 만나보자.

　눈에 담으면 사랑을 느끼고

마음에 담으면 온기 느끼고

대화를 나누면 향기 느껴져

위안이 되는 그런 사람

꽃같이 웃는 얼굴에

물같이 부드러운 말씨

더 주고 덜 받음에 섭섭해 않으며

스치는 먼 회상의 기억 속에서도

반가운 그런 사람

혼자 견디기엔 슬픔이 클 때

부르면 언제나 달려올 수 있고

흉금을 털 수 있는 그런 사람

살아가면서

그 사람 괜찮은 사람이라고

문득 생각나

빙긋이 미소 짓게 하는

당신이 바로 그런 사람이지

_「그런 사람」 전문

시는 사람만이 이해하고 소유할 수 있다는 점에서
인간적인 특성과 연결되고 또 지성적인 산물이라
는 점에서 독특한 위치가 있다. 아울러 고민할 줄
아는 인간에 의해 시의 자리는 마련될 뿐만 아니
라 시의 빛나는 의상이 화려할 수 있게 된다.

시는 사랑이라는 체취를 떠나서는 존립의 길을
만들 수가 없다. 이는 인간의 숨소리가 가파를 때
는 시의 숨소리도 허기진 이름으로 남고, 또 행복
의 미소를 날릴 때는 시의 환한 빛이 환상미를 불
러오는 것도 인간과 시의 상관이 필연적이라는 점
에서 떼어 놓을 수 없는 이름으로 남게 되는 이치
이다.

다시 말해서 시는 언제나 내 마음에 합당한 누군

가를 곁에 두고 싶은 갈망과 어긋나는 아픔에서 탄생된다 해도 과언이 아니다.

작품 「그런 사람」이 바로 우리가 모두 갈망하는 존재임이 분명한 이유이다.

1연에서, **'눈에 담으면 사랑을 느끼고 / 마음에 담으면 온기 느끼고 / 대화를 나누면 향기 느껴져 / 위안이 되는 그런 사람'**을 갈망하는 것이다.

2연에서, **'꽃같이 웃은 얼굴에 / 물같이 부드러운 말씨 / 더 주고 덜 받음에 섭섭해 않으며 / 스치는 먼 회상의 기억 속에서도 / 반가운 그런 사람'**을 갈망하는 화자를 독자는 충분히 이해할 것이다.

3연에서, **'혼자 견디기엔 슬픔이 클 때 / 부르면 언제나 달려올 수 있고 / 흉금을 털 수 있는 그런 사람'** 이 시 속에서는 간명한 듯해도 과연 셈법이 왕성한 이 세태에 찾기란 쉽지 않으니 화자는 시를 통해 갈망을 향한 절창을 하는 것이리라.

4연에서, **'살아가면서 / 그 사람 괜찮은 사람이라**

182

고 / 문득 생각나 / 빙긋이 미소 짓게 하는 / 당신이 바로 그런 사람이지'라는 표현에서 '당신'이 누군지 시적 모호성으로 설명할 필요는 없지만, 모든 독자도 포함된다는 스펙트럼이 넓혀져 이 시의 생명력이 배가 된 셈이다. 화자가 남성임을 모른다면 여성 시인의 작품이라 해도 무방하리만치 상당히 십 상颯爽 한 시어들이 아닐 수 없다. 생물학적으로도 어스름 나이에 접한 일운 작가의 시 세계는 이렇듯 풋풋한 생명력을 지니고 있으니 나이는 숫자에 불과하다는 누군가의 역설이 맞아떨어지는 것이리라. 지난한 시적 여정에서 늘 건강을 유지하시며 건필하시길 바란다.

5. 일운 작가의 사모곡思母曲

성경의 「시편」이나, 동양의 「시경」에 「사무사」의

말이나, 공자를 위시해서 아리스토텔레스의 시에 대한 언급까지 오랫동안 인간의 곁에는 항상 시의 형태가 인간의 의식을 지배하거나 아니면 시가 인간의 의식을 변화시키는 도구로 사용된 관계를 부정할 수는 없다.

시는 인간의 문제인 삶과 사랑 혹은 죽음이나 이별에 이르기까지 살아있는 인간의 문제를 노래하는 -가장 아름답게 혹은 순수하고 깨끗하게 영탄하는 임무가 시의 본질임을 일운 작가는 이미 인지하는 언덕에 서 있기에 구사하는 언어의 깊이와 시적 표정이 상당한 경지임을 알 수 있다.

굳이 덧붙이자면 시는 논리나 설득이 아니고 평형을 가진 감수성이다. 그러나 균형을 가진 감성을 강조하기 때문에 시를 아는 것은 곧 숙성된 인간이 가치를 발견하는 사람일 것이다. 그 때문에 시는 곧 삶의 길이요 인간 모두를 포괄하는 정서적

인 작업이다. 시인이 시를 찾아 헤매는 것도 이런
이치에 다가간다.

　일운 작가의 시는 넉넉하게 언어를 운용하는 시
인이다. 이름에 매달리는 허영의 언어도 아니고 삶
의 진실과 숨겨둔 고독 그리고 시에 내재된 진실에
서 함께 만나는 조화점을 발견할 수 있으며, 또한
진지함이 생동감을 줄 뿐만 아니라, 작금의 시인 풍
년에서 향기를 만나는 예가 되어 기쁨이다. 그런 증
명의 논지로 「어머니」를 열어보자.

　어머니는 인간의 궁극적인 종료라는 데서 사랑의
화신이다. 또 고향의 심상이고 원형으로 자리잡은
어머니는 항상 부러움에서 영원성에 닿으며 신의
또 다른 이름으로 필자에게도 늘 그리움으로 각인
된 이름이다.

　눈감아도 눈떠도 그려지는
　아련한 추억 속 얼굴

장작에 불 지펴

부지깽이로 뒤척이시며

고구마 구워 김치랑 먹여 주시던 손길

아랫목에 이불 깔아

그 속엔 식구들 밥그릇 묻어 놓고

방 한쪽은 가족 먹거리 고구마 뒤주

꿈에도 잊지 못할 어머니 사랑

별 보고 나가셨다가

별 따라 귀가하신 어머니

우리에게 부지런함을 물려주신

따뜻한 구들장 아랫목 같은 내 어머니

칼바람 이는

오늘따라 너무도 보고 싶다

_「어머니」전문

세상의 모든 어머니의 이름은 자식의 고통을 대

신 짊어지면서 자식의 모든 문제를 자신의 몫으로 생각하고 해결하며 대신 웃음만을 자식에게 안겨 주기 위해 헌신하는 -잡히지 않는 신을 대신해서 가까이 인연이게 된 신의 다른 이름이다.

3연 15행으로 구조된 작품은, 별 보고 나가셨다가 별 따라 집에 오시던 부지런한 어머님을 먼저 보내고 그리워하는 화자의 애통함을 만나게 된다.

1연의 일부 시어로, **'장작에 불 지펴 / 부지깽이로 뒤척이시며 / 고구마 구워 김치랑 먹여 주시던 손길'**이란 표현은 6·25동란을 겪은 세대라면 그 처절하리만치 가난했던 시대상이 수묵화로 그려진다.

2연에서, **'아랫목에 이불 깔아 / 그 속엔 식구들 밥그릇 묻어 놓고 / 방 한쪽은 가족 먹거리 고구마 뒤주 / 꿈에도 잊지 못할 어머니 사랑'**이라며 그 옛날 정겨운 아랫목 풍경을 어머니의 사랑을 소환하여 시적 완성도를 높인 작품이다.

3연에서, **'별 보고 나가셨다가 / 별 따라 귀가하신**

어머니 / 우리에게 부지런함을 물려주신 / 따뜻한 구들장 아랫목 같은 내 어머니 / 칼바람 이는 / 오늘따라 너무도 보고 싶습니다'라며 칼바람 이는 겨울에 어머님이 너무도 보고 싶은 화자의 사모곡思母曲이 절절하게 들려오는 수작秀作이다.

어머님에 대한 그리움의 농도는 세월의 숫자만큼 비례할 것이고 까만 슬픔은 시인으로 하여금 가슴 밑동에 옹이로 굳어져 탄탄한 시적 태반으로 매 순간 아름다운 시어로 어머님은 부활하시리라 기대한다.

6. 소중한 내 사람 -아내

시와 시인의 상관은 별개의 것이 아니라 하나의 축에서 자화상을 그리는 점에서 시는 곧 시인이라는 등식으로 연결된다.

일운 박희도 작가의 시적 정서는 그 자신의 자화상을 그리는 것과 정서의 형태가 섬세한 감수성의 소유자라서 촉촉한 물기로 다가오는 느낌으로 독자에게 다가선다.

　이는 그가 살아온 과거의 다양한 인자(因子)들과 밀접한 관계가 있음이다.

　고향이나 그리움이나 병든 아내의 복합적인 요소들 또는 오늘을 살고 있는 인간관계에서 오는 경험의 복합체가 시적 성품으로 형성됐다는 의미가 된다. 이런 바탕 위에서 일운 박희도 작가의 시는 몇 가지 특징으로 요약된다.

　시정을 이루는 정서는 정적이고 다분히 불가적인 성찰을 주조로 하는 것 같다. 이런 바탕은 그의 시에 관류하는 특징으로써 조용한 마음의 풍경화를 파스텔화 적인 방도로 표현하는 시적 기교를 겸비했기에 감동의 파문을 일으키는 작품들이 주를 이루는 이유가 된다.

한마디로 일운 박희도의 작품들은 의식의 자화상을 그리기 위해 감각적인 에스프리를 적절하게 배치하는 데서 그의 시는 파토스(Pathos)적인 촉촉함이 공존하는 것이리라.

더욱이 화자의 이번 시집에는 '소중한 사람' 바로 '아내'에 대한 작품이 여러 편 수록되어 있다. 이는 남편인 화자의 배려심이 넓은 이유이기도 하지만 그만큼 현처인 지금의 아내를 하늘로부터 선물 받은 것에 대한 보은이라 봐야 합당하겠다.

생애 제일 자랑스러운 선택은

모래알처럼 많은 사람 중에

우연이 아니라

필연의 만남으로

내 곁을 지켜준 내 사람

살아온 50년하고도 몇 해

밥상을 가장 많이 차려준 사람

나 때문에 가슴이 멍든 사람

착한 마음씨로 믿음을 주고

무언으로 잔잔한 곁이 되어 준 사람

깊은 밤

허리 어깨 다리 무릎을 아파하다

코 골며 잠자는 모습에서

울컥 두 눈에 눈물이 뜨겁다

한때는 꽃잎처럼 곱던 얼굴에

이제와 주름 꽃 피었어도

예나 지금이나 내 눈엔 내 눈엔

생애 제일 소중한 꽃 같은 내 사람

_「소중한 사람」 전문

아내를 바라보는 지아비의 따스한 마음이 미안
한 마음에 포개져 다감하기 그지없는 작품으로 다

가온다.

　이런 마음의 근저根底는 사랑이라는 표백된 마음이기에 사십 년 하고도 몇 해를 더 밥상을 차려준 아내를 향한 그 고마움이 시적 종자가 된 작품인 듯하다.

　서로 다른 문화에서 자란 남남이 함께 부부로 살아간다는 것, 그것도 강산이 여러 번 변할 만큼의 세월 속에 서로 인내하고 배려하면서 어스름 황혼을 함께 맞이했다는 인연은 화자의 표현대로 필연이 아닐 수 없음이다.

　1연에서 화자는 **'생애 제일 자랑스러운 선택은 / 모래알처럼 많은 사람 중에 / 우연이 아니라 / 필연의 만남으로 / 내 곁을 지켜준 내 사람'**이라고 표현했다. 현처는 하늘이 준다고 했다. 생애 제일 자랑스러운 선택이라니 현처 역시 이 시 한 편이 큰 위로가 되어 아내 입가에 벌질 미소가 독자들에게도 보이는 것이다.

2연에서 화자는 '**살아온 50년 하고도 몇 해 / 밥상을 가장 많이 차려준 사람 / 나 때문에 가슴이 멍든 사람 / 착한 마음씨로 믿음을 주고 / 무언으로 잔잔한 곁이 되어 준 사람**'이라 표현한 부분에서 마음에 걸리는 사연은 '나 때문에 가슴에 멍든 사람'이라고 고백하는 대목이다. 왜 아닐까! 국화꽃 한 송이 피우기 위해서도 지난밤 무서리가 그렇게 내렸다는데 착한 아내가 급한 성정의 화자를 만나 삭이고 가라앉히느라 노심초사했음을 작품을 접한 독자는 고개를 끄덕일 것이다. 하지만 인정 많은 화자의 반성의 회한으로 빚은 이 작품은 또 어떤가, 다 용서되고 남음이 있음을 독자는 고개를 끄덕여 이해하리라 본다.

3연에서 화자는 '**깊은 밤 / 허리 어깨 다리 무릎을 아파하다 / 코 골며 잠자는 모습에서 / 울컥 두 눈에 눈물이 뜨겁다 / 한때는 꽃잎처럼 곱던 얼굴에 / 이제와 주름 꽃 피었어도 / 예나 지금이나 내 눈엔 내**

눈엔 / 생애 제일 소중한 꽃 같은 내 사람'이라는 표현에서 화자의 속 깊은 정을 만나게 된다.

난해하지 않은 작품이라서 달리 해설을 요하지 않으면 작품을 접하는 순간 오롯이 전해지는 화자의 깊은 아내 사랑이 하얀 여백에 반성의 눈물로 얼룩짐을 발견하게 하는 느낌이 명징한 수작(秀作)이다.

7. 에필로그 −그윽한 작가의 향기

일운 박희도 작가의 시 쓰기는 결국 야생화 같은 −화려한 조명은 꺼리지만 그윽한 그 만의 향기를 발하는 시를 쓴다.

누구 하나 보는 사람 없어도 홀로 피어 짙은 향을 발하고, 오로지 묵묵히 피어 살아 임무를 다하는 그런 범상함을 나타내는 깊이가 시의 특질로 자리한다. 이는 그의 순백한 성정대로 시의 모습이 꾸밈이 없기에 천의무봉天衣無縫한 자연스러움을 전달한다는 의미이다.

요란한 자기선전을 일삼는 문학 풍토에서 이런 사고를 갖는 일이야말로 진정한 시인의 면모라서 필자에게도 기쁨이 인다.

시를 사랑하는 시인의 시적 여정에 문운이 환하리라 믿으며 아울러 시인의 강령을 석존불께 의탁하며 시론을 닫는다.